Unser erstes Jahr und die schönsten Erinnerungen

Woche 1

Datum: .... bis ....

Das ist diese Woche passiert:

Das habe ich diese Woche gelernt:

Das sagt Mama: Das sagt Papa:

Das Schönste/Witzigste diese Woche:

Woche 2

Datum: .... bis ....

Das ist diese Woche passiert:

Das habe ich diese Woche gelernt:

Das sagt Mama: | Das sagt Papa:

Das Schönste/Witzigste diese Woche:

Woche 3

Datum: .... bis ....

Das ist diese Woche passiert:

Das habe ich diese Woche gelernt:

Das sagt Mama: | Das sagt Papa:

Das Schönste/Witzigste diese Woche:

Woche 4

Datum: .... bis ....

Das ist diese Woche passiert:

Das habe ich diese Woche gelernt:

Das sagt Mama: | Das sagt Papa:

Das Schönste/Witzigste diese Woche:

4 Wochen Übersicht

Meine linke Hand

Meine rechte Hand

Mein linker Fuß

Mein rechter Fuß

Woche 5

Datum: .... bis ....

Das ist diese Woche passiert:

Das habe ich diese Woche gelernt:

Das sagt Mama: | Das sagt Papa:

Das Schönste/Witzigste diese Woche:

Woche 6

Datum: .... bis ....

Das ist diese Woche passiert:

Das habe ich diese Woche gelernt:

Das sagt Mama: | Das sagt Papa:

Das Schönste/Witzigste diese Woche:

Woche 7

Datum: .... bis ....

Das ist diese Woche passiert:

Das habe ich diese Woche gelernt:

Das sagt Mama: Das sagt Papa:

Das Schönste/Witzigste diese Woche:

Woche 8

Datum: .... bis ....

Das ist diese Woche passiert:

Das habe ich diese Woche gelernt:

Das sagt Mama: Das sagt Papa:

Das Schönste/Witzigste diese Woche:

4 Wochen Übersicht

Meine linke Hand

Meine rechte Hand

Mein linker Fuß

Mein rechter Fuß

Woche 9

Datum: .... bis ....

Das ist diese Woche passiert:

Das habe ich diese Woche gelernt:

Das sagt Mama: | Das sagt Papa:

Das Schönste/Witzigste diese Woche:

Woche 10

Datum: _____ bis _____

Das ist diese Woche passiert:

Das habe ich diese Woche gelernt:

Das sagt Mama: Das sagt Papa:

Das Schönste/Witzigste diese Woche:

Woche 11

Datum: _____ bis _____

Das ist diese Woche passiert:

Das habe ich diese Woche gelernt:

Das sagt Mama: | Das sagt Papa:

Das Schönste/Witzigste diese Woche:

Woche 12

Datum: .... bis ....

Das ist diese Woche passiert:

Das habe ich diese Woche gelernt:

Das sagt Mama: | Das sagt Papa:

Das Schönste/Witzigste diese Woche:

4 Wochen Übersicht

Meine linke Hand

Meine rechte Hand

Mein linker Fuß

Mein rechter Fuß

Woche 13

Datum: .... bis ....

Das ist diese Woche passiert:

Das habe ich diese Woche gelernt:

Das sagt Mama: | Das sagt Papa:

Das Schönste/Witzigste diese Woche:

Woche 14

Datum: .... bis ....

Das ist diese Woche passiert:

Das habe ich diese Woche gelernt:

Das sagt Mama: Das sagt Papa:

Das Schönste/Witzigste diese Woche:

Woche 15

Datum: .... bis ....

Das ist diese Woche passiert:

Das habe ich diese Woche gelernt:

Das sagt Mama: Das sagt Papa:

Das Schönste/Witzigste diese Woche:

Woche 16

Datum: .... bis ....

Das ist diese Woche passiert:

Das habe ich diese Woche gelernt:

Das sagt Mama:

Das sagt Papa:

Das Schönste/Witzigste diese Woche:

4 Wochen Übersicht

Meine linke Hand

Meine rechte Hand

Mein linker Fuß

Mein rechter Fuß

Hier ist Platz für Fotos

Woche 17

Datum: .... bis ....

Das ist diese Woche passiert:

Das habe ich diese Woche gelernt:

Das sagt Mama:

Das sagt Papa:

Das Schönste/Witzigste diese Woche:

Woche 18

Datum: .... bis ....

Das ist diese Woche passiert:

Das habe ich diese Woche gelernt:

Das sagt Mama:

Das sagt Papa:

Das Schönste/Witzigste diese Woche:

Woche 19

Datum: _____ bis _____

Das ist diese Woche passiert:

Das habe ich diese Woche gelernt:

Das sagt Mama: | Das sagt Papa:

Das Schönste/Witzigste diese Woche:

Woche 20

Datum: .... bis ....

Das ist diese Woche passiert:

Das habe ich diese Woche gelernt:

Das sagt Mama:

Das sagt Papa:

Das Schönste/Witzigste diese Woche:

4 Wochen Übersicht

Meine linke Hand

Meine rechte Hand

Mein linker Fuß

Mein rechter Fuß

Hier ist Platz für Fotos

Woche 21

Datum: .... bis ....

Das ist diese Woche passiert:

Das habe ich diese Woche gelernt:

Das sagt Mama: | Das sagt Papa:

Das Schönste/Witzigste diese Woche:

Woche 22

Datum: .... bis ....

Das ist diese Woche passiert:

Das habe ich diese Woche gelernt:

Das sagt Mama: | Das sagt Papa:

Das Schönste/Witzigste diese Woche:

Woche 23

Datum: .... bis ....

Das ist diese Woche passiert:

Das habe ich diese Woche gelernt:

Das sagt Mama: | Das sagt Papa:

Das Schönste/Witzigste diese Woche:

Woche 24

Datum: .... bis ....

Das ist diese Woche passiert:

Das habe ich diese Woche gelernt:

Das sagt Mama:

Das sagt Papa:

Das Schönste/Witzigste diese Woche:

4 Wochen Übersicht

Meine linke Hand

Meine rechte Hand

Mein linker Fuß

Mein rechter Fuß

Woche 25

Datum: _____ bis _____

Das ist diese Woche passiert:

Das habe ich diese Woche gelernt:

Das sagt Mama:

Das sagt Papa:

Das Schönste/Witzigste diese Woche:

Woche 26

Datum: .... bis ....

Das ist diese Woche passiert:

Das habe ich diese Woche gelernt:

Das sagt Mama:

Das sagt Papa:

Das Schönste/Witzigste diese Woche:

Woche 27

Datum: .... bis ....

Das ist diese Woche passiert:

Das habe ich diese Woche gelernt:

Das sagt Mama:

Das sagt Papa:

Das Schönste/Witzigste diese Woche:

Woche 28

Datum: .... bis ....

Das ist diese Woche passiert:

Das habe ich diese Woche gelernt:

Das sagt Mama:

Das sagt Papa:

Das Schönste/Witzigste diese Woche:

4 Wochen Übersicht

Meine linke Hand

Meine rechte Hand

Mein linker Fuß

Mein rechter Fuß

Woche 29

Datum: .... bis ....

Das ist diese Woche passiert:

Das habe ich diese Woche gelernt:

Das sagt Mama: Das sagt Papa:

Das Schönste/Witzigste diese Woche:

Woche 30

Datum: .... bis ....

Das ist diese Woche passiert:

Das habe ich diese Woche gelernt:

Das sagt Mama:

Das sagt Papa:

Das Schönste/Witzigste diese Woche:

Woche 31

Datum: .... bis ....

Das ist diese Woche passiert:

Das habe ich diese Woche gelernt:

Das sagt Mama: Das sagt Papa:

Das Schönste/Witzigste diese Woche:

Woche 32

Datum: .... bis ....

Das ist diese Woche passiert:

Das habe ich diese Woche gelernt:

Das sagt Mama: | Das sagt Papa:

Das Schönste/Witzigste diese Woche:

4 Wochen Übersicht

Meine linke Hand

Meine rechte Hand

Mein linker Fuß

Mein rechter Fuß

Woche 33

Datum: .... bis ....

Das ist diese Woche passiert:

Das habe ich diese Woche gelernt:

Das sagt Mama: Das sagt Papa:

Das Schönste/Witzigste diese Woche:

Woche 34

Datum: .... bis ....

Das ist diese Woche passiert:

Das habe ich diese Woche gelernt:

Das sagt Mama: | Das sagt Papa:

Das Schönste/Witzigste diese Woche:

Woche 35

Datum: .... bis ....

Das ist diese Woche passiert:

Das habe ich diese Woche gelernt:

Das sagt Mama:

Das sagt Papa:

Das Schönste/Witzigste diese Woche:

Woche 36

Datum: .... bis ....

Das ist diese Woche passiert:

Das habe ich diese Woche gelernt:

Das sagt Mama: Das sagt Papa:

Das Schönste/Witzigste diese Woche:

4 Wochen Übersicht

Meine linke Hand

Meine rechte Hand

Mein linker Fuß

Mein rechter Fuß

Hier ist Platz für Fotos

Woche 37

Datum: .... bis ....

Das ist diese Woche passiert:

Das habe ich diese Woche gelernt:

Das sagt Mama: | Das sagt Papa:

Das Schönste/Witzigste diese Woche:

Woche 38

Datum: .... bis ....

Das ist diese Woche passiert:

Das habe ich diese Woche gelernt:

Das sagt Mama:

Das sagt Papa:

Das Schönste/Witzigste diese Woche:

Woche 39

Datum: .... bis ....

Das ist diese Woche passiert:

Das habe ich diese Woche gelernt:

Das sagt Mama:

Das sagt Papa:

Das Schönste/Witzigste diese Woche:

Woche 40

Datum: .... bis ....

Das ist diese Woche passiert:

Das habe ich diese Woche gelernt:

Das sagt Mama: | Das sagt Papa:

Das Schönste/Witzigste diese Woche:

4 Wochen Übersicht

Meine linke Hand

Meine rechte Hand

Mein linker Fuß

Mein rechter Fuß

Woche 41

Datum: .... bis ....

Das ist diese Woche passiert:

Das habe ich diese Woche gelernt:

Das sagt Mama:

Das sagt Papa:

Das Schönste/Witzigste diese Woche:

Woche 42

Datum: .... bis ....

Das ist diese Woche passiert:

Das habe ich diese Woche gelernt:

Das sagt Mama: | Das sagt Papa:

Das Schönste/Witzigste diese Woche:

Woche 43

Datum: .... bis ....

Das ist diese Woche passiert:

Das habe ich diese Woche gelernt:

Das sagt Mama:

Das sagt Papa:

Das Schönste/Witzigste diese Woche:

Woche 44

Datum: _____ bis _____

Das ist diese Woche passiert:

Das habe ich diese Woche gelernt:

Das sagt Mama:

Das sagt Papa:

Das Schönste/Witzigste diese Woche:

4 Wochen Übersicht

Meine linke Hand

Meine rechte Hand

Mein linker Fuß

Mein rechter Fuß

Woche 45

Datum: .... bis ....

Das ist diese Woche passiert:

Das habe ich diese Woche gelernt:

Das sagt Mama: | Das sagt Papa:

Das Schönste/Witzigste diese Woche:

Woche 46

Datum: .... bis ....

Das ist diese Woche passiert:

Das habe ich diese Woche gelernt:

Das sagt Mama:

Das sagt Papa:

Das Schönste/Witzigste diese Woche:

Woche 47

Datum: _____ bis _____

Das ist diese Woche passiert:

Das habe ich diese Woche gelernt:

Das sagt Mama:

Das sagt Papa:

Das Schönste/Witzigste diese Woche:

Woche 48

Datum: .... bis ....

Das ist diese Woche passiert:

Das habe ich diese Woche gelernt:

Das sagt Mama: | Das sagt Papa:

Das Schönste/Witzigste diese Woche:

4 Wochen Übersicht

Meine linke Hand	Meine rechte Hand
Mein linker Fuß	Mein rechter Fuß

Hier ist Platz für Fotos

Woche 49

Datum: .... bis ....

Das ist diese Woche passiert:

Das habe ich diese Woche gelernt:

Das sagt Mama: | Das sagt Papa:

Das Schönste/Witzigste diese Woche:

Woche 50

Datum: .... bis ....

Das ist diese Woche passiert:

Das habe ich diese Woche gelernt:

Das sagt Mama:

Das sagt Papa:

Das Schönste/Witzigste diese Woche:

Woche 51

Datum: .... bis ....

Das ist diese Woche passiert:

Das habe ich diese Woche gelernt:

Das sagt Mama: | Das sagt Papa:

Das Schönste/Witzigste diese Woche:

Woche 52

Datum: .... bis ....

Das ist diese Woche passiert:

Das habe ich diese Woche gelernt:

Das sagt Mama: | Das sagt Papa:

Das Schönste/Witzigste diese Woche:

4 Wochen Übersicht

Meine linke Hand

Meine rechte Hand

Mein linker Fuß

Mein rechter Fuß

HAPPY

Das hast du zu deinem ersten Geburtstag bekommen:

BIRTHDAY

Mit folgenden Gästen haben wir gefeiert:

jonathan kuhla
tempelhofer ufer 15
10963 berlin
mail: jonathankuhla@gmail.com

Das Werk einschließlich seiner Teile, ist urheberrechtlich geschützt. Jeder Verwertung außerhalb der engen Grenzen des Urheberrechtsgesetze ist ohne Zustimmung des Autors unzulässig. Dies gilt insbesondere für elektronische oder sonstige Vervielfältigung, Übersetzungen, Verbreitungen und öffentliche Zugänglichmachung.

Printed in Poland
by Amazon Fulfillment
Poland Sp. z o.o., Wrocław

30917567R00077